LOS CHARRANES ÁRTICOS

UNA HISTORIA DE MIGRACIÓN

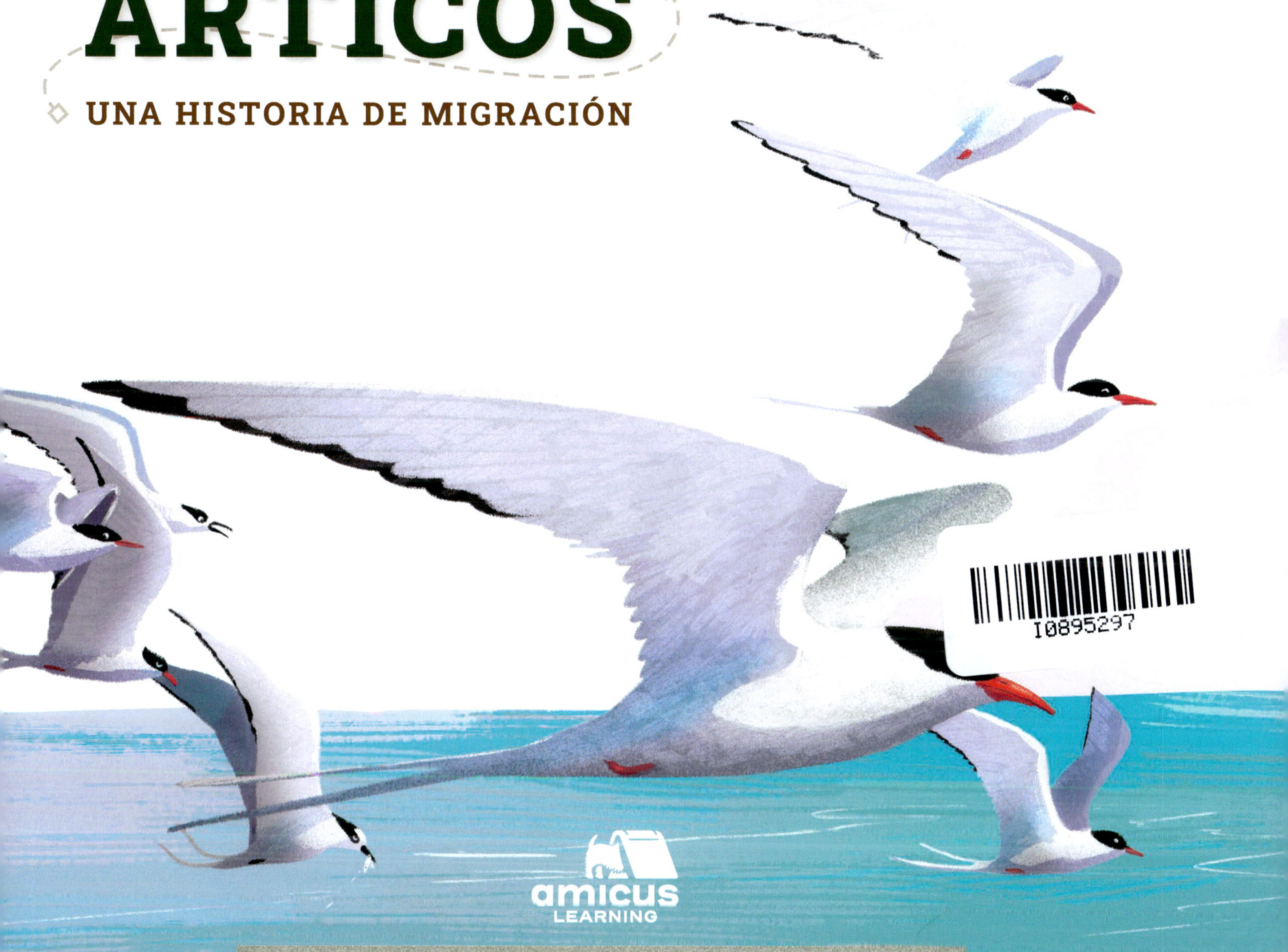

I0895297

amicus LEARNING

por Lisa Amstutz ▪ arte por Howard Gray

AMICUS ILLUSTRATED es una publicación de Amicus Learning, un sello de Amcius
P.O. Box 227, Mankato, MN 56002
www.amicuspublishing.us

COPYRIGHT ©2026 Amicus. Derechos de autor internacionales reservados en todos los países. Prohibida la reproducción total o parcial de este libro sin permiso escrito del editor.

Editor: Alissa Thielges
Diseñadora de la serie:
Kim Pfeffer
Diseñadora del libro: Emily Dietz

Cataloging-in-Publication data is available from the Library of Congress

Library Binding ISBN: 9798892006439
Paperback ISBN: 9798892007030
eBook ISBN: 9798892007634

LCCN: 2024054672

Sobre la autora
Lisa Amstutz es autora de más de 150 libros infantiles. Antigua educadora al aire libre, es licenciada en biología y ciencias medioambientales. Lisa disfruta aprendiendo cosas divertidas sobre ciencia y compartiéndolas con los niños. Vive en una pequeña granja con su familia.

Acerca del ilustrador
Howard Gray ha ilustrado una selección de libros infantiles de ficción y de no ficción. Siempre se ha considerado un artista, pero con un doctorado en genética de delfines, tiene formación en zoología. Ahora persigue su carrera soñada en la ilustración infantil desde la pintoresca ciudad de Durham (Reino Unido). Más información en www.howardgrayillustrations.com.

¡Pío, pío! Dos polluelos peludos piden comida. Su madre vuela a buscarles un pez. Es primavera-temporada de nidificación para los charranes árticos. Estas aves viven en el norte de Canadá y Alaska, no muy lejos del Polo Norte.

Los polluelos crecen rápido. Al cabo de unas semanas, aprenden a volar y a buscar comida.

Pronto vendrán días oscuros y fríos. La familia debe emigrar antes de que llegue el invierno. Viajarán a la Antártida, cerca del Polo Sur. Allí encontrarán comida y mares más cálidos.

¡Aleteo, aleteo! La madre charrán estira sus alas. Su ruidosa colonia se queda en silencio. Entonces, de repente, levantan el vuelo. Su largo viaje ha comenzado. En seguirán una trayectoria en zig-zag. Volarán hasta 60.000 millas (96.000 kilómetros).

La brisa del océano lleva al charrán. Vuela día y noche, echándose la siesta mientras vuela. Cuando tiene hambre, atrapa un pez o un insecto.

En casa, los zorros, los gatos y las aves marinas más grandes cazan charranes. Aquí, hay pocos depredadores. Pero aún hay peligro.

¡Bum! El trueno se estrella. Los fuertes vientos golpean al charrán. Abajo, abajo cae. Aterriza en el mar embravecido. Se mece entre las olas, esperando a que pase la tormenta.

El cambio climático hace que estas tormentas sean mayores cada año. Los océanos más cálidos forman tormentas más grandes. Pueden desviar a las aves de su curso.

Por fin, la tormenta se calma. El charrán está débil y tiene hambre. Se eleva para buscar comida.

¡Zambullida! El charrán se zambulle en el agua. Recoge un pez pequeño. ¡Ay, ay! Una gaviota le roba su captura. El charrán se zambulle una y otra vez hasta que su vientre está lleno.

La bandada sigue volando. Después de muchos millas (kilómetros), se cansan. Se detienen para alimentarse y descansar las alas. Es la primera de varias paradas largas. Algunas son a lo largo de la costa. Otras, en el mar.

Por fin, el charrán llega a la Antártida. Han pasado cuatro meses desde que dejó su hogar. Aquí es verano. Los días son largos. El charrán se instala en el banco de hielo para alimentarse.

El océano está repleto de peces. Pero cada año hay menos. El hielo de los polos se derrite. El calentamiento de los mares aleja a los peces.

Mientras el charrán descansa, muda. El pico y las patas se vuelven negros. Sus plumas se caen y vuelven a crecer. Estarán frescas y fuertes para el viaje de vuelta a casa.

Pasan los meses. Termina el verano en el hemisferio sur. Vendrán días oscuros y fríos. Es hora de seguir adelante.

El charrán está descansado y listo. Sus nuevas plumas brillan. *¡Aletea, aletea!* Estira las alas. El aire se vuelve silencioso. Entonces la colonia despega . . .

para comenzar su largo viaje a casa.

MIGRACIÓN DEL CHARRÁN ÁRTICO

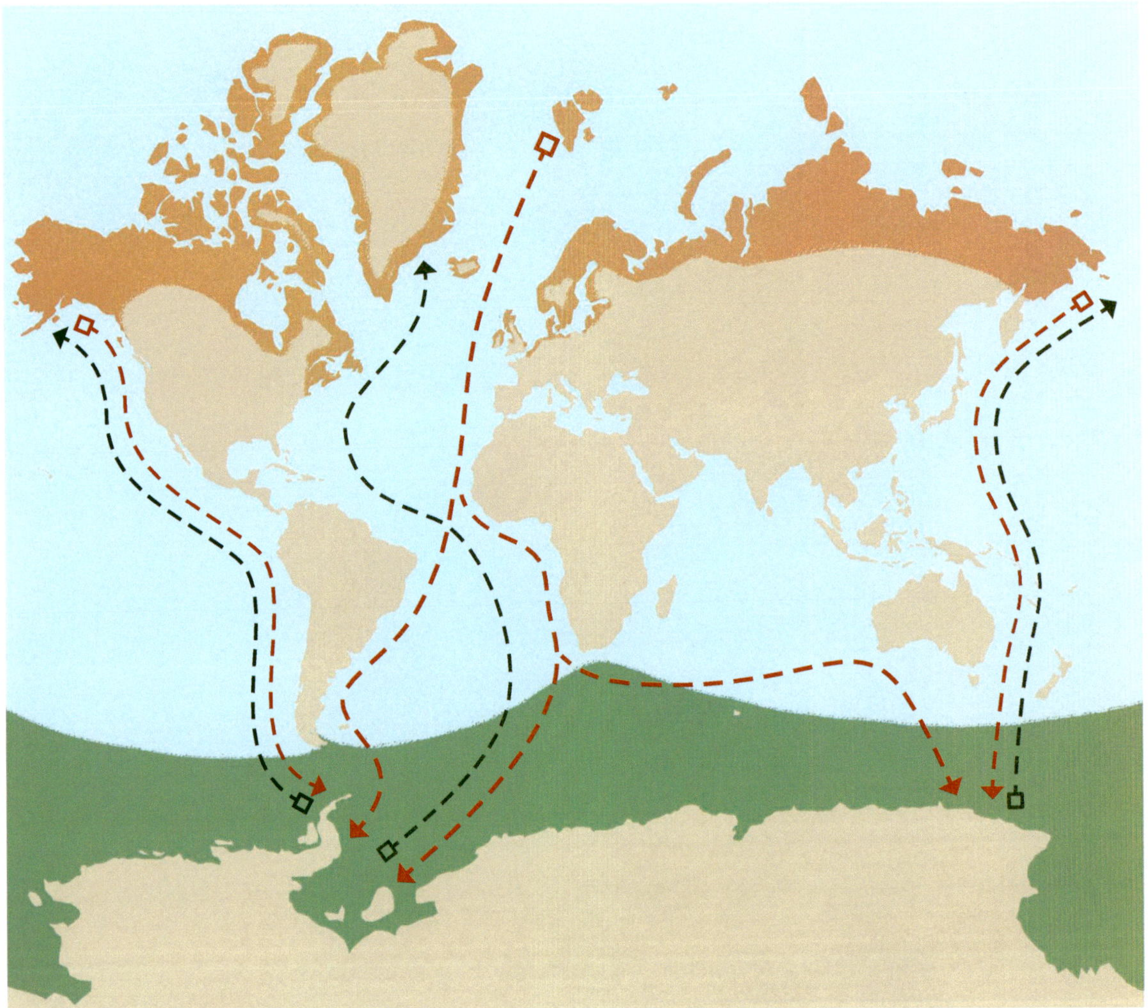

Área de reproducción

Área de distribución no reproductora

Rutas migratorias

Rutas migratorias de retorno

¿CÓMO PUEDO AYUDAR A LOS CHARRANES ÁRTICOS?

- Utiliza menos productos de plástico. El plástico puede acabar en el océano y dañar la vida marina.

- Mantente alejado de las aves que anidan. Obsérvalas desde una distancia segura.

- Compra pescado capturado sin dañar el medio ambiente. El Monterey Bay Aquarium's Seafood Watch ofrece una guía útil: https://www.seafoodwatch.org/recommendations/download-consumer-guides

- Ve en bicicleta o andando a los sitios cuando puedas. Esto consume menos combustible y puede ayudar a frenar el cambio climático.

- Corre la voz. Haz que la gente sepa también cómo puede ayudar.

Glosario

banco de hielo Trozos de hielo flotante congelados juntos para formar una capa muy grande.

cambio climático Cambio a largo plazo en los patrones meteorológicos globales o regionales.

colonia Grupo de animales que viven juntos.

depredador Animal que caza a otros animales para alimentarse.

hemisferio Una mitad de la Tierra.

migrar Trasladarse a un lugar diferente en una determinada época del año.

muda En las aves, perder plumas para que crezcan otras nuevas.